...auf den Schultern
ein
Vögelchen

Impressum

Umschlaggestaltung und Titelbild: Peter Regenfuß

© 2019 Martina Maly
Herstellung und Verlag:
BoD – Books on Demand, Norderstedt
ISBN 9 783744 883405

Inhalt

Täubchen

Opa Trosiener

Opa Trosiener sitzt auf dem umgedrehten Futtereimer und schneidet Stroh zurecht.

Dazu legt er ein Bündel auf den Hackstock, preßt es ganz fest mit seinen großen Händen zusammen und schneidet es mit dem Messer auf die Länge seiner Stiefel.

Dann zieht er die Stiefel aus und stopft das Stroh hinein, gegen die Kälte.

Ich sitze auf der Getreidekiste und sehe ihm dabei zu.

„Na, Tuttchen, du kannst mal die Eier aus dem Heu holen, die Hühner, die Kreten, die verdammten, legen wo sie wollen!"

Er hebt mich auf den Zwischenboden über den Kühen und wirft mir seine Schirmmütze hinterher, für die Eier. Die Mütze kann ich nicht leiden, sie ist so verschwitzt und schmutzig. Opas Kuh Lusche hat sie ihm oft beim Melken mit dem bekackten Schwanz vom Kopf in den Mist gehauen. Bis er den Schwanz am Stallpfosten anband. Aber da war die Mütze schon ganz dreckig. Ich bekomme für das Eiersammeln ein oder zwei Eier als Lohn, da muss ich die Mütze in Kauf nehmen.

Lieber helfe ich bei den Ziegen. Melken kann ich noch nicht, aber füttern und den Tränkeimer halten. Am allerschönsten ist es bei den Ziegenlämmern. Kleine Ziegen haben so samtige Mäulchen und sie springen so lustig umher. Opa Trosiener schüttelt nur mit dem Kopf, wenn er mich mit den Zicklein spielen sieht. Aber er lässt mich.

Ich habe ihm ja auch wirklich geholfen, meine ganze Kinderzeit lang, bin mit ihm aufs Feld gefahren und ins Heu. Erst mit dem großen Wagen, die Lusche vorgespannt, später mit dem Handwagen.

Meine Mutter sah das nicht so gern. Sie hatte wohl einmal gerochen, dass ich immer einen kleinen Kirsch bekam zur Bockwurst, wenn wir auf dem Nachhauseweg einkehrten, Opa Trosiener und ich.
Opa Trosiener war nicht mein richtiger Opa und aus Ostpreußen. Das erklärt beides, den Schnaps und warum ich den Opa so gern hatte.
Wir waren auch Flüchtlinge und nach dem Krieg fanden die sich immer irgendwie zusammen, die Sprogies, Meneikis, Jackschas. Die Sprache Ostpreußens war der gerettete Rest Heimat.

Und deswegen war es mein Opa Trosiener und ich sein Tuttchen.

Das Tuttchen

„Tuttchen, wo bist du?" - „Hiehier"
Die Mutter ruft und das Tuttchen klettert über die
Strohballen, die noch vom Winter her an der Stalltür liegen.
Vier, fünf Jahre alt und ein wunderschönes Kleidchen mit
großen Taschen, kratzige Strümpfe, nicht nur vom Stroh.
Diese Strümpfe! Sie waren bis zur Konfirmation aus dickem
Garn, dunkel- oder hellbraun, fast immer gestopft.
Aber jetzt spielte das noch keine große Rolle, außer, dass
der Pfennig, der den Strumpf halten sollte, der Pfennig also
rutschte ständig aus dem Lochgummiband, das wiederum
öfter von dem Leibchen abriss, an den es die häusliche
Schwester mit einem heißen Faden genäht hatte.
Jetzt aber hat die Mutter gerufen. Das bedeutet in diesem
Alter, in dem das Tuttchen gerade ist, fast immer nur Gutes.
Entweder gibt es etwas zu essen oder Herr Radtke hat Äpfel
mitgebracht oder das Tuttchen soll zum „Abstecken"
kommen, was heisst, die Mutter hat ein neues Kleidchen
zugeschnitten und will es „abstecken" , mit Stecknadeln,
am Tuttchen.
Dafür verlasse ich schon mal das Stallparadies.
Später tat ich das nicht mehr so schnell. Denn es konnte
bedeuten, dass ich Klavier üben sollte oder, was noch
schlimmer war, mich waschen und ordentlich anziehen, weil
wir zu Besuch gingen.

Zu Besuch

Ordentlich angezogen, sauber, gewaschen und gekämmt,
so gingen wir mit unserer Mutter zu Besuch. Sie ging
meistens mit mir alleine, ohne meine Schwestern. Ich war
die Jüngste und hatte keine Ausreden.
Oft war es ja schön. Es gab etwas Feines zu essen,
manchmal sogar Kakao oder Kuchen. Nur war es meistens
langweilig für mich. Die Erwachsenen redeten und redeten.
Wenn sie mir dann ein Buch gaben, war es schon besser.
Wenn die Leute, bei denen wir auf Besuch waren, ein Klavier
hatten, nicht.
Denn dann musste ich vorspielen. Das war nur einmal gut –
als ich auf einem Geburtstag *Wenn das Wasser im Rhein
lauter Wein wär´* und den Walzer *Gold und Silber* spielte
und zehn Mark ! bekam. Nur für´s Klavierspielen!

Bei Frau Boy, die auf dem Crostigall wohnte, war es auch
noch gut. Frau Boy nähte uns Sachen, die eine wirkliche
Schneiderin verlangten. Unsere Mutter nähte einfache
Hängerkleidchen und Röcke, oder besserte unsere Bett- und
Tischwäsche aus. Für die Sonntagssachen gingen wir zu
Frau Boy. Da war der Stoff auch aus dem Westen, von Tante
Käthe oder Simsons.

Ich habe erst fünfzig Jahre später von meiner älteren
Schwester erfahren, dass alle Westpakete mit dem
Kindergeld meiner Schwestern bezahlt waren. Unsere
Mutter hatte sich zwei Anwälte im Westen genommen, die
für die Zahlung des Unterhaltes durch die Väter meiner
Schwestern gesorgt hatten.
Ich habe mich einfach über die Pakete gefreut. Sie dufteten
so herrlich, nach Fa-Seife und Westkaffee. Ich wasche mich

11

immer noch am liebsten mit Seife und kaufe auf jedem Kreativ- oder Naturwarenmarkt ein, zwei Stück (mein Wäscheschrank wurde so nach und nach ein Seifendepot).

Natürlich kamen auch zu uns Leute zu Besuch. Dann musste ich garantiert Klavier spielen, bekam aber nur lobende Worte oder ein freundliches Kopfnicken für meine Vorführkünste.

Deswegen ging ich, wenn ich schon vorspielen musste, doch lieber zu Besuch.

Natalja Ziegler

Ich spiele gern Klavier. Das liegt zum großen Teil an meiner Klavierlehrerin.

Natalja Ziegler war Honorarkraft an der Volksmusikschule und unterrichtete mich sechs Jahre lang, die letzten drei davon an ihrem privaten Flügel in ihrem Haus.

Es war ein Privileg und das gefiel mir gut. Auch wenn Natalja Ziegler sehr streng war und ich oft vor Scham in den Boden hatte versinken wollen, ging ich sehr gern zur Klavierstunde. Ich überstand die Vorwürfe, zu wenig geübt, , zu lange Fingernägel - „tak tak tak tak" - , Trauerränder an den Nägeln zu haben, ungeputzte

Schuhe verstecken zu müssen und was weiß ich noch, denn einmal würde die Stunde vorbei sein und dann kam die besondere Auszeichnung -

„Anna, bring den Tee!"

Die Tür tat sich auf und herein kam Anna Ziegler mit einem silbernen Tablett.

Darauf standen drei Teegläser mit schwarzem Tee, ein gefülltes Konfektschälchen und eine Kristallschale mit Warenje, feinster Konfitüre.

Das hatten die Schwestern Anna und Natalja Ziegler aus Moskau mitgebracht, solch Teetrinken. Natalja Ziegler hatte in Moskau, später in Berlin, dort mit Claudio Arrau zusammen, Klavier studiert.

Wer und was Anna Ziegler war, habe ich nie gefragt. Für mich war sie die ältere Schwester und das genügte mir. Heute würde ich fragen, denn heute weiß ich, was Schwestern bedeuten.....

13

Mechthild

Ach Mechthild, ich bin so traurig, dass Du nicht mehr da bist.

Aber ich kann Dir schreiben und das mache ich bestimmt oft. Weißt Du, ich bin jetzt zu Hause. Da habe ich Zeit, Zeit für Haus und Garten, Zeit für mich, Zeit für Erinnerungen. An Dich denke ich sehr oft. Wenn ich so überlege, habe ich Dich erst in genauer Erinnerung, als Du schon erwachsen warst. Ganz genau seit dem Ostern, als Du Bernd Klötzer nach Hause einludest, Deinen ersten richtigen Freund. Er war groß und hatte schwarze Haare. Ihr habt gut zueinander gepasst, Du warst blond und auch groß, jedenfalls größer als Sabine und ich es geworden sind. Jetzt kann ich es Dir sagen: Du und Dein Freund, ihr beide habt mir den ersten bewussten Schock versetzt, was Sexualität betrifft.

Es muss dieses Ostern noch kalt gewesen sein, ich sollte jedenfalls den Wohnzimmerofen reinigen und die Asche runterbringen. Und dabei fand ich ein Kondom im Aschkasten, das erste überhaupt, das ich zu Gesicht bekam. Ich meine, ich habe Euch das Wochenende nicht mehr ansehen können vor Scham. Du lachst jetzt vielleicht darüber, aber ich bin auch damals schon sechs Jahre jünger als Du gewesen. Heute sind Kondome für Kinder keine Aufregung mehr.

Ich war zehn Jahre alt, als Du ans Lehrerbildungsinstitut nach Leipzig gegangen bist. An gemeinsames Spielen vorher kann ich mich nicht erinnern, genausowenig daran, dass Sabine mit mir gespielt hätte; nur daran, dass ihr beide mich beim wöchentlichen Saubermachen als Paslak hin und her geschickt habt: „Tutti, hol´ dies, Tutti, hol´ das, Tutti, bring die Läufer runter!".

14

Gespielt habe ich mit Roggens Karla und Lieselotte und Ingrid Trosiener, Opas Enkelinnen aus Lossa.

An gemeinsame Unternehmungen mit der Mutti kann ich mich erinnern; wenn wir in den Leipziger Zoo fuhren, ins Theater oder nach einem Spaziergang durch den Wurzener Park zu Linna Schönemann Eis essen gingen (fünf oder zehn Pfennig die Kugel, je nach Sorte).
Ach ja, einmal sah ich Dich in der Tennisanlage im Park Tennis spielen. Du hattest all diese feinen weißen Sachen an, das sah gut aus.
Auch an Dein Kleid zum Abschlussball der Tanzstunde erinnere ich mich sehr genau: ein Organzakleid, auf Taille geschnitten, mit einem weit schwingenden Rock, dazu eine hochmoderne und kostbar schimmernde Halskette, die eher ein geflochtenes Halsband war.
Mir kommt es so vor, als wärst Du in unserer Kinderzeit immer etwas Besonderes gewesen. Zur Tanzstunde zum Beispiel hat die Mutti mich und Sabine nicht geschickt. Wir haben zum Tanzstundenball im Hotel Pippig mit Herrn Radtke die Garderobe gemacht, im Kegelkeller.
Wir waren aber nicht neidisch auf Dich, jedenfalls ich nicht. Im Garderoben-/Kegelkeller war es so spannend, manchmal sogar gruselig, besonders, wenn Herr Radtke nach oben ging und wir allein waren. Ich habe dann unterhalb der Mäntel nach Beinen gesucht und mich gefürchtet; auch die Ecke am
am Ende der Kegelbahn, in die der Kegeljunge springt, wenn die Kugel angerollt kommt, war gruselig - es konnte ja einer sich dort versteckt haben. Aber wir bekamen fürs Schleppen der Mäntel unseren Anteil Geld und ab und zu sind wir ja auch zur Mutti nach oben gegangen. Die saß stolz an einem Tisch und hat uns dann auch was bestellt.
„Seht ihr die Mechthild, wie sie tanzt!"

Ja, wir haben Dich gesehen und Du sahst wunderschön aus. Ich werde jetzt in der Fotokiste Deine Tanzstundenbilder suchen und vielleicht finde ich für eines davon einen Platz in meinem Haus, dann bist Du auch für andere zu sehen.

Bis bald!

Täubchen

Tauben sind uns wahrlich nicht in den Mund geflogen.
Woher auch. Opa Trosiener hielt nur „Hühnerchen".

Unsere Mutter war mit meiner großen Schwester im
Kinderwagen aus Danzig 1944 vor den Polen geflohen. Die
Großmutter war schon abgeholt, im Handwagen, weil sie
nicht mehr laufen konnte. Großvater war gestorben. So warf
unsere Mutter, was sie für wichtig hielt, in den Kinderwagen,
hob Mechthild auf den Arm und floh.

Sie floh aus einem wohlsituierten Haushalt.
Wo waren die Ladenmädchen abgeblieben? War Großvaters
Fleischerei schon geschlossen?
Bekamen die Bettler im Laden keine Wurstenden mehr?
Was würde aus dem Bechstein-Flügel im Wohnzimmer
werden? Unsere Mutter hatte daran Klavier spielen gelernt,
sich beim Singen später begleitet, als sie an der Zopoter
Waldoper im Chor sang.
Und was wurde aus Mechthilds Vater, der Oberarzt in dem
Krankenhaus war, in dem unsere Mutter als Zehlendorfer
Schwesternschülerin gelernt hatte?

Wir haben später nur bruchstückhaft erfahren, was
zurückblieb und was das alles für unsere Mutter bedeutete.
Sparsam von ihr erzählt.
Mir hat sich ihr Schicksal noch sehr viel später erdrückend
auf die Seele gelegt.
2005 war ich mit meiner Schwester Sabine in Danzig-
Langfuhr. Wir wohnten im Grand-Hotel Zopot, von dessen
Casino unsere Mutter die Selbstmördergeschichten lebhaft
zu schildern gewusst hatte – alle waren sie vom Seesteg ins

17

Meer gesprungen!

Auf diesem Seesteg musste die kleine Margarete in weißen Strümpfen und schwarzen Lackschuhen mit der Stiefmutter spazieren gehen. Von dieser Stiefmutter erfuhren wir erst jetzt, dass sie das englische Kindermädchen Emma war. Unser Großvater hatte sie nach dem Tod seiner Frau geheiratet. Da war unsere Mutter ein Jahr alt. Sie hat ihre Mutter nie kennengelernt. Wir, ihre Kinder, sind ohne Vater aufgewachsen. Wiederholt sich Familiengeschichte?

Das Haus unserer Großeltern ist heute privatisiert. Im ehemaligen Laden befindet sich eine Pizzeria, das große Wohnhaus unterteilt sich in zehn Eigentumswohnungen. Garten und Hof verwildern.

Es war nicht nur die gutbürgerliche Existenz, die unsere Mutter verlor. Verloren waren ihre Träume.

Das Provinztheater nach Kriegsende, das Singen am Klavier, ersetzten die Träume wohl nicht.

Sie hatte auch keine Zeit mehr. Wir Kinder mussten ernährt, gekleidet und erzogen werden.

Sie schaffte das alles allein und mit sehr viel Liebe. So hat sie uns die Brote fürsorglich in kleine Stücke geschnitten, „Täubchen" hat sie sie genannt. So flogen uns doch noch die Tauben in den Mund.

Anfangs waren diese feingeschnittenen Brothäppchen hilfreich, später lästig und wieder später heiß begehrt. Nur, da hat sie uns niemand mehr gemacht.

Allenfalls Herr Radtke. Aber nicht für uns, sondern für seine Angebetete.

Herr Radtke

Wie nennt man den Verehrer seiner Mutter?

Für uns war er immer Herr Radtke. Wir konnten ihn nicht
leiden. Ich glaube, ich habe ihn sogar gehasst und das tut
mir bis heute leid.
Diese Abneigung änderte sich auch nicht, als ich nach
seinem Tod als einzige von uns drei Kindern 300 Mark
erbte. Erst sehr, sehr viel später begriff ich auch seinen
Schmerz.

Es war so rührend, wenn Herr Radtke zur Kinokasse kam, in
der meine Mutter saß, und ihr, man glaubt es kaum,
„Täubchen" brachte.
Eine Doppelschnitte mit Geschabtem, in Viertel geschnitten,
eine Rarität in dieser „schlechten Zeit". Rindfleisch musste
es sein, weil Herr Radtke Sieben-Tage-Adventist war und
darum kein Schweinefleisch aß, es natürlich auch meiner
Mutter nicht zumutete.
Gegessen habe meistens ich diese Köstlichkeit.
Ich sinne oft darüber nach, wie ich ihm und meiner Mutter,
die ich beide für unmoralisch hielt, mitteilen kann, wie gut
ich sie heute verstehe und wie ich sie in ihrem aneinander
Festhalten liebe.

Ich war oft im Kassenstübchen bei meiner Mutter. Während
der Vorstellungen war wenig Betrieb und so verbrachten wir
zwei viele gemütliche Stunden miteinander. Ich habe
gelesen oder Hausaufgaben gemacht, während meine
Mutter strickte oder Decken zum Verkaufen stickte. Sie
hat eigentlich immer etwas gemacht, womit man zusätzlich
Geld verdienen konnte: stricken, sticken, nähen,

Behördensachen für andere Leute erledigen, im Sommer Konfitüre kochen, Beeren und Pilze sammeln. Oft mussten wir helfen.

Auch das hat sie so gestaltet, dass es schön war.

Blaubeerpflücken

„Auf, auf, sprach der Fuchs zum Hasen,
  hörst du nicht die Jäger blasen?"

Unsere Mutter kommt und weckt uns. Liebevoll, doch mit
einem gewissen Schwung.
„Es gibt Frühstück!" lockt uns dann doch aus den Betten.
Es ist Sonntag und wir haben frei.
In der Küche riecht es nach Kakao. Schnell waschen und
schnell an den Sonntags-Esstisch im Wohnzimmer. Es gibt
nicht nur Kakao, auch Brötchen und gute Butter.
Sonntagsfrühstück ist wunderschön!
Normalerweise gehe ich dann in die Kirche, weil ich
Kurrende-Kind bin. Aber heute nicht.
Im Korridor stehen ein Picknick-Korb und zwei Eimer. Das
bedeutet: Heidelbeeren pflücken gehen.
Große Begeisterung kommt nicht auf, aber Picknick und das
Abenteuer Wald lassen uns dann doch schnell fertig zum
Abmarsch sein. Jeder kriegt noch das für ihn angemessene
Krüglein zum Pflücken in die Hand, Eimer, Korb und eine
Decke werden verteilt und los geht's zum Bahnhof. Eine
Station von Wurzen nach Bennewitz. Der Wald beginnt direkt
am Bahndamm.

Die erste Zeit vergeht schnell, auch mit Naschen. Dann wird
es mühsam und immer mühsamer.
Wir Kinder haben keine Lust mehr. Es hilft aber alles nichts,
bis zum Picknick müssen wir durchhalten. Nach anderthalb
Eimern voll dürfen wir uns endlich auf die Decke fallen
lassen.
Und dann gibt es Tee, Milchkaffee, Schnitten, für jeden
sogar eine mit Wurst, gekochte Eier, Kekse.

Alles reichlich, am Ende aber doch zu wenig, um die Pause zu verlängern.
Nur die Aussicht auf die Zugfahrt heimzu lässt uns den zweiten Eimer dann doch noch bis zum Rand vollpflücken. Als wir fertig sind, wissen wir, dass ein Eimer zum Verkaufen ist und der andere für uns. Der größere Teil wird eingekocht, damit es z.B. Karfreitag Hefeklöße mit Heidelbeeren geben kann.

Die letzten Meter zum Zug müssen wir rennen, aber wir schaffen es und sehen glücklich aus dem Fenster.

„Die feine Frau Madré"

Ein Tag Ende Juni 2013, ein harmloser Ausflug nach Treffurt und zur Burg Normannstein.
Ich fahre mit einer 73-jährigen Bekannten durch ihren Geburtsort Großburschla. Hier bekam ihre Familie nach dem Krieg immer schön viel Eier vom Opa, erzählt sie.
Bis die Flüchtlinge kamen, zwangseinquartiert wurden. Da waren dann die Eier immer gestohlen.
„Main, die hun mich wehre die Eier geklaut. Se hunn´se wehre üssen Naste gelangt."

So holt mich nach mehr als fünfzig Jahren ein, was ich doch nie vergessen konnte.
Ich bin ein Flüchtlingskind. Uns haben sie die Katzen totgeschlagen, weil sie sich an uns nicht herangetraut haben. Sie, die schon immer da gewohnt hatten, sie, die Männer hatten aber keinen Teppich und keinen Schreibtisch, schon gar nicht ein Klavier. Sie sprachen schlecht und erzogen ihre Kinder schlecht. Aber wir wurden beschimpft.
Die Hühner ließen sie auf die Wäschewiese, wenn unsere Tischwäsche auf der Bleiche lag. Wir waren Flüchtlinge und der Ärger darüber, dass es uns schneller wirtschaftlich besser ging, den haben manche Mitbewohner im Haus uns spüren lassen. Dass unsere Mutter nachts Handarbeiten für den Verkauf machte, eine Zeit lang bei schwachem Glühlampenlicht Fotografien retuschierte und ihre Augen dabei verdarb, das sahen sie nicht.

„Da kommt die feine Frau Madré mit ihren Töchtern!"

Höhnisch, aber sicher auch neidisch, denn unsere Mutter

23

sah gut aus und wir Kinder waren immer adrett gekleidet.
Wir lernten alle drei ein Instrument spielen und durften
keine schlechten Worte sagen.
Und unsere Mutter hat für die Russen gearbeitet, das war
es.
Ich war es.

„Bahne frei – Kartoffelbrei"

Ich schrie es, so laut ich konnte. Neben, hinter und vor mir
riefen es andere Kinder. Vermischt mit spitzen
Angstschreien, wenn die Kontrolle verloren ging über den
Schlitten, der hinabraste auf dem Hang hinter den
Kasernen. Ein Jauchzen, Juchzen und Japsen, auch wenn es
den steilen Weg wieder hinanging. Ein Necken und Zecken –
es waren unter den Kindern auch heranwachsende
Jungen und Mädchen. Die ahnten schon eine andere
Aufregung, wenn sie sich außerhalb der Schulklasse trafen.
Für uns Kinder war es die reine Seligkeit.
Auf dem langen Weg nach Hause, mit rotem Gesicht,
verschwitzten Haaren und kalten Füßen, freuten wir uns
schon auf den nächsten Tag und zogen den Schlitten ohne
Murren hinter uns her, die klatschnassen Handschuhe in
den Manteltaschen.

Vergilbtes nasses Gras, ein Winter ohne Schnee und ohne
Kinder, jetzt, da ich wieder hier bin am Hang hinter den
Kasernen.
Es ist nicht der Schmerz um eine vergangene Kindheit, den
ich fühle. Der Schmerz kommt aus den Worten „ am Hang
hinter den Kasernen".
Hier war mein Vater stationiert.
Ich habe es nicht gewusst, als ich hier rodeln ging. Die
Kasernen waren ein etwas unheimlicher Ort,
warum wussten wir nicht genau. Die R u s s e n waren dort.
Und das erhöhte den Reiz der Unternehmung. Kein Wort
über meinen Vater zu Hause. Vater war etwas, das ich nicht
hatte.
Später, viel zu früh kam das Wissen und damit die Lügen.
Ein Leben lang, bis heute.

Ich kann es bis heute nur wenigen sagen, wer mein Vater war. Für die Anderen ist er früh gestorben, nie in der Familie gewesen, von den Russen abgeholt und und und, was mir so einfiel.

Mein Vater wurde von den Russen abgeholt – ein Major der Ruhmreichen Sowjetarmee in der Küche einer Deutschen, die Pistole im Küchenschrank, das Holster auf der Stuhllehne ....

Wurzen

Die Gründe, aus denen wir Wohnorte wählen, sind sehr unterschieden von den Erfahrungen, die wir dann an diesen Orten machen. Der Geburtsort ist nur scheinbar eine Ausnahme, was die Wahl betrifft. Wir wissen zu wenig davon, was unsere Mütter und Väter zu diesem Ort gelenkt hat.

Wurzen als mein Geburtsort sagt mir heute viel über Teile meiner Prägung. Eine Stadt mit einer tausendjährigen Geschichte, die man immer noch an ihren Bauten ablesen kann, musste großen Eindruck auf mich machen. Ich bin nicht nur in diesen Bauten als Besucherin umhergegangen, ich habe auch in einem historischen Anwesen gewohnt. Nach dem Krieg wurden Flüchtlinge oft in Wohnungen untergebracht, die für eine so große Zahl von Menschen ursprünglich nicht gedacht waren. So kam meine Mutter anfangs mit meinen beiden großen Schwestern in einem Zimmer unter. Küche und Toilette waren gemeinschaftlich mit mehreren Parteien zu nutzen. Für uns mag das erträglich gewesen sein, für Fräulein Söhlmann sicher nicht. Ihrer Familie, Schroth´s Erben, hatte einst die gesamte historische Posthalterei mit Herrenhaus, Gesindehaus, Scheune und Remisen gehört.

Ich erinnere mich noch an den Flügel von Fräulein Söhlmann. Er stand in unserem späteren Wohnzimmer in der belle étage. Manchmal stand die prachtvolle barocke Flügeltür offen und dann konnte man Fräulein Söhlman mit hochgeschlossenem Spitzenkragen hinter dem Flügel sitzen sehen.

Diese prachtvolle Tür mit ihren Schnitzereien und den angeschliffenen Kassettenglasscheiben wurde später von unserer Mutter sehr gepflegt. Für uns war sie einen Tag vor dem Heiligen Abend verschlossen und barg die ganze Herrlichkeit der Weihnachtsbescherung.

Die gab es aber erst, wenn wir aus der Kirche kamen, einem weiteren selbstverständlichen Teil unserer Kindheit. Ich sehe meine Schwester Mechthild noch als Weissagungsengel vor mir. Ich war als Kurrendekind oft in den beiden evangelischen Kirchen der Stadt.

Der Dom war eine geheimnisvolle Welt. Im Chor steht eine riesige Kreuzigungsgruppe aus Bronze, die für uns Kinder so schauerlich war, das wir uns nicht einmal beim Hasche spielen dorthin wagten. „Eins- zwei- drei – ich komme!" , mit zugehaltenen Augen stand ich hinter einem Pfeiler, riss die Hände herunter und rannte los, stieß in voller Fahrt mit Kantor Rahnefeld zusammen. Jetzt war das Rumtoben zu Ende und die Probe ging los.

Stolz haben wir sonntags unsere schwarzen Mäntelchen mit dem weißen Kragen getragen.

Manchmal hatten wir „nur" liturgischen Dienst, also im Wechsel mit Pfarrer oder Gemeinde Liturgie zu singen. Aber es waren wichtige Aufgaben, das Singen, das Umstecken der Choralnummern an der Orgelempore, auch wenn manchmal ein Zahlenbrettchen hinunterfiel oder die Ziffern vertauscht waren. Am Schluss, nach dem Orgelnachspiel, gab es einen Stempel aufs Kärtchen und zehn Pfennig. Dann sausten wir ganz schnell zur Sakristeitür, ob wir vielleicht sehen konnten, wie Küsterin Frau von Carlowitz die Reste Abendmahlswein austrank. Vor dem Dom warteten wir dann, ob sie wohl ein wenig torkelte.

Neben dem Dom, im ehemaligen Bischofssitz, wurden wir Kinder einmal bei unserer Patentante Meißner untergebracht, als unsere Mutter im Krankenhaus war. Von den Fenstern aus sieht man auf das Schloss, das eher eine Burg ist, mit Bärengraben ohne Bären.

Nicht nur Bauten, auch Landschaften prägen uns. Ein Fluss

mit seinen weiten Auen ist ein fantastisches Abenteuer für Kinder.

Man kann die Mulde bei Wurzen für klein halten, für uns war sie ein richtiger Fluss. Sie hatte sogar ein Wehr und einen Kanal. Durchs Birkenwäldchen gingen wir Mädchen am Ostermorgen Wasser in der Mulde holen. Wenn man das, ohne zu reden, nach Hause bringt und sich damit wäscht, dann wird man schön. Anscheinend ist es nur meiner Schwester Sabine gelungen, auf dem Weg nicht zu reden (obwohl in ihrem Zeugnis stand: „Sabine schwatzt viel im Unterricht."), denn sie ist schön.

Ich habe immerhin am Wehr geangelt, wenn man das Dasitzen mit einem Stock, an den ein Bindfaden mit einer als Haken verbogenen Büroklammer gebunden ist, so nennen will. Einen Regenwurm hatte ich ganz bestimmt nicht am Haken, dazu habe ich Tiere viel zu lieb.

Angst vorm Ertrinken musste meine Mutter bei mir nicht haben. Ich konnte schon vor der Schule schwimmen wie ein Fisch (nie hätte ich einen fangen und töten können).

Hier muss ich eine merkwürdige Begebenheit einflechten. Im Wurzener Stadtbad war ein kleiner Junge ertrunken und meine Mutter ging mit mir ins Leichenschauhaus, ihn anzusehen. Es gab dort mehrere Kabinen, in denen Verstorbene aufgebahrt wurden. In einer solchen, engen Kabine stand ich mit meiner Mutter und sollte den Jungen ansehen. Er war ganz still und es war unheimlich. Wenn ich mich recht erinnere, hieß er Hans. Er war blond und sah aus wie eine Puppe.

Was sich meine Mutter wohl dabei gedacht hat?

Wurzen hatte zwei Freibäder und einen Steinbruchsee, den „Wolfser" bei Lüptiz. Ich bin nach über fünfzig Jahren wieder dort gewesen – nicht ein einziger Badegast, ich war eine einsame Schwimmerin. In meiner Kinderzeit fand man

kaum einen Platz für seine Decke.
Wo sind die Kinder im Sommer heute? Ist ihnen der
Steinbruch zu gefährlich?

„Herr Fischer, Herr Fischer, wie hoch ist das Wasser?" - „
Zehn Meter!" - „Wie kommt man hinüber?" - „Auf einem
Bein." - und dann ging es los. Auf einem Bein hüpfend
musste man die Seite wechseln, dem fangenden Herrn
Fischer entkommen. Wenn der Fischer Einen fing, waren es
dann Zwei, an denen man vorbei ans rettende Ufer musste.
Oder „Herr Fischer, Herr Fischer, welche Fahne weht heute?"
- „Rosa" - das gleiche Spiel begann,
nur dass man etwas in der genannten Farbe haben musste
als Passierschein (wobei rosa, für Mädchen zumindest, gut
war, die meisten Schlüpfer waren rosa, im Winter außen
glatt, innen angerauht, immer viel zu dick).
Oder wir spielten „Räuber und Schampampel" (wohl die
sächsische Variante von Gendarm), oder Ene, mene, muh
und raus bist du! - wer übrig blieb, musste beim Verstecken
suchen und hatte Pech, wenn alle vor ihm das „Frei"
erreichten. Murmeln, Mutter-Vater-Kind, Kreiseln,
Reifenrollen, rumtoben – die Zeit bis zum Abendbrot war
immer zu schnell um.
Was spielen die Kinder heute?

Mamik

„Dreiunddreißig Jahre Rente und keinen Pfennig einjezahlt." Groß und schwer sitzt Mamik in ihrem Lehnstuhl am Fenster und freut sich. Hier sitzt sie am liebsten. Sie beobachtet die Vögelchen am Futterhaus, liest mit der Lupe in diesem oder jenem Buch etwas, gießt ihre Topfpflanze mit den schönen Blüten.
Tanten Olga sorgt gut für sie. Mamik ist Olgas Schwiegermutter. Die beiden Frauen waren mit dem kleinen Fredi von Memel durch den Polnischen Korridor bis nach Sachsen geflohen. Olgas älterer Sohn Herbert war bei dem hastigen Aufbruch verlorengegangen.

Was für ein Schmerz muss das gewesen sein, wie konnte sie das aushalten?

Olgas Mann Wilhelm war zu der Zeit in Gefangenschaft. Die beiden Frauen fanden ein Zimmer, später eine kleine Wohnung für sich und das Kind.
Als Onkel Willi nach der Entlassung in Hamburg Arbeit und eine Wohnung fand, wollte Tante Olga nicht mehr aus Wurzen weg. Sie hatte eine weiße Schleiflackküche gekauft, die konnte sie nicht stehenlassen. Also kam Onkel Willi nach Wurzen. Hier lernten sich meine Mutter und Tante Olga in der Parallelwelt der Flüchtlinge kennen.

Tante Olga wurde ein wesentlicher Teil meines Lebens. Nur sie hat mir von meinem Vater erzählt, wie er war. Meine Mutter sprach nie von meinem Vater. Es gab zwischen ihr und mir, was meinen Vater betraf, eine Schwelle, die wir beide nicht überschritten, bis zu ihrem Tod nicht.
Tante Olga wurde in Rowno, in der Nähe von Samara

geboren, konnte deswegen fließend Russisch sprechen und arbeitete im Magazin der Kommandantur in Leipzig.

In ihrer Heimat war sie eine verhasste Deutsche gewesen, die schon 1917 mit ihrer Mutter und ihren Geschwistern nach Memel flüchten musste. Im Zweiten Weltkrieg musste sie wieder vor den Russen fliehen. Unbegreiflich, wieviel Mitgefühl sie für die russischen Soldaten hatte, die zu ihr ins Magazin kamen, bei ihr klagten, dass sie die Mutter nicht beerdigen durften, Prügelstrafe erhielten.

In das Magazin in Leipzig ist Tante Olga über dreißig Jahre jeden Tag mit dem Zug gefahren.

Erst mit dem Fahrrad zum Bahnhof, dann mit dem Zug nach Leipzig und dann noch mit der Straßenbahn zur Kommandantur am Nordplatz. Abends alles retour. Später hat Onkel Willi Tante Olga mit seinem Fahrrad abgeholt. Sie liefen dann den langen Weg zum Bürgermeister-Schmidt-Platz, die vollen Taschen am Lenkrad.

Diese Taschen und Beutel! Sie enthielten die herrlichsten Sachen, alles, was es in unseren Läden nicht gab: Pampelmusen, süße Orangen, Ölsardinen, Dorschleber (die mochte ich nicht, weil sie mich an die Löffel mit ekligem Lebertran erinnerten, die wir in der Zeit „für die Gesundheit" bekamen). Und einen Sahnequark, der so viel besser schmeckte, als das saure, trockene Gepappse aus der HO. Twarog kaufe ich heute noch im russischen Spezialitätenladen.

Und Anziehsachen bekam ich, wie für eine kleine Zarentochter. Samtkleidchen, Seehundfellstiefel, die einzigen in Wurzen, ja auf der ganzen Welt, wie ich dachte. „Seht euch das Tuttchen an, wie ein Eskimo." - die Mutter lacht und drückt mich an sich.

Sachen bekam nur ich von Tante Olga, aber zu essen hat sie mir immer für uns alle etwas mitgegeben.

So wie ich für Opa Trosiener das Groschenferkelchen war,

wenn er seine Geldbörse auskippte und ich das Kleingeld bekam, so spielte sich regelmäßig Folgendes ab, wenn ich von Tante Olga nach Hause ging: „Komm in die Küche, der Willi muss das nicht wissen, dem klebt das Geld an der Hose fest. Hier hast du." - Mamik ruft mich in ihr Zimmer - „Sag der Olga und dem Willi nicht, der Geiz möcht sie auffressen, da, nimm das." Onkel Willi kommt mir mit dem Kohleeimer auf die Treppe nach - „Hier, aber sag der Olga nicht, die hält das Geld, wie der Teufel die Seele."
Für die Sparbüchse waren das jedes mal zwischen drei und zehn Mark.

Auch lief ich bei jeder Eins, die ich in der Schule bekam, zum Bahnhof. Da gab es dann von Tante Olga eine Mark, die nicht gespart wurde. Ich aß am Kiosk eine Bockwurst mit Brötchen. Etwas, das wir uns sonst nie geleistet haben.

Ich wurde eine sehr gute Schülerin.

Magermilch und Freibankfleisch

Es kommt mir so unwahrscheinlich vor. Ich sitzt vor meinem Laptop, diesem Gegenstand, mit dem so vieles möglich ist: Texte schreiben und aufbewahren, mit Freunden oder mit Behörden kommunizieren, Wissen aus dem world wide web heranholen, über Kontinente hinweg von Angesicht zu Angesicht miteinander sprechen. Da erscheint mir die Zeit, in der ich mit Lebensmittelkarten einkaufen ging nicht nur weit weg, sondern unwirklich.
Doch ich erinnere mich genau.
Wir wohnten in der oberen Hälfte der Postgasse. Ganz oben, an der Ecke zum Crostigall, war der Laden von Frau Berger. Dort gab es sicher viele Lebensmittel, vielleicht auch Seife und Zahnpasta, aber ich erinnere mich nur an die große Milchkanne mit der Magermilch, die es s o gab, ohne Lebensmittelkarte, und an die Butter, für die ein kleines Stück von der Karte abgeschnitten wurde.
Frau Berger hatte eine viel zu große Schere für das kleine Stück Papier. Für die Milch hing eine Schöpfkelle in der Kanne. Die Milchkanne war aus Aluminium, genauso wie unsere kleine, mit der mich unsere Mutter losschickte.
„Wenn du reinkommst, sagst du „Guten Tag, ich bin die Tochter von Frau Madré, ich möchte bitte ein Stück Butter."
Gegenüber von Frau Berger war die Freibank. Das war ein Laden, der nur manchmal geöffnet hatte, immer dann, wenn Tiere notgeschlachtet werden mussten. Dann kaufte unsere Mutter eine große Menge Fleisch und weckte sie ein, denn Freibankfleisch war billiger als das vom Fleischer. Wir hatten wenig Geld und ich erinnere mich nur daran, wie die Münzen aussahen. Scheine bekamen wir Kinder nicht in die Hand, außer vielleicht den Fünfzigpfennigschein, den es kurze Zeit gab

Ich weiß nicht, was der momentane Stand der Forschung über das Erinnerungsvermögen sagt, wie weit zurück wir uns erinnern können. Ich kann mich an diesen Fünfzigpfennigschein genau erinnern, auch wenn ich da erst drei oder höchstens vier Jahre alt gewesen sein konnte.
Er war blau und kleiner als unser Fünfeuroschein.
Ich erinnere mich auch genau an Herrn Rogge und wie er mich auf sein Knie setzt und meine kleine Hand in seinen Hosenschlitz steckt. Sein Knie war ganz hart, denn er hatte ein Holzbein, und das, was ich in seinem Hosenschlitz anfassen musste, war ganz weich. Ich wusste nicht, was das war, aber ich machte etwas Schlechtes, das ich nie jemandem sagen durfte, das wusste ich.
Was er mir antat, begriff ich erst später.
Damals war es irgendwann vorbei und ich konnte wieder spielen gehen.

Ich habe keine Erinnerung an eine Reaktion auf dieses Ereignis, ob es meine Kindheit beeinträchtigt hat. Ich sehe mich als Kind lebhaft und fröhlich. Es kann aber sein, dass aus dieser Zeit die Geschichte von meinem Zwillingsbruder stammt. Zwanzig, dreißig Jahre später habe ich diese Geschichte immer erzählt, wenn eine Fotografie von mir aus meinen Kindertagen zur Ansicht kam.
Dieses Foto steht jetzt vor mir. Es ist eine Schwarz-Weiß-Aufnahme, schon etwas vergilbt.
Ein kleiner Junge steht in graziöser Pose an ein Kinderstühlchen gelehnt. Er hat einen dunklen Strickpullover und eine ebenso dunkle lange Hose an, die wir Pumphose nannten, weil ihre weiten Hosenbeine unten mit einem Gummizugbündchen gefasst waren. Die Schuhe des Kleinen sind auf Hochglanz gewienert, zum Fotografen ging man schließlich nicht alle Tage.
Auf dem hellen blonden Haar sitzt, kess auf den Hinterkopf

geschoben, eine etwas zu große Baskenmütze. Die graziöse Pose besteht darin, dass der Junge seinen rechten Arm auf die Lehne des Kinderstühlchens gelegt hat und die linke Hand grazil auf diesem Arm liegt. Das Kindergesicht ist ein einziges Strahlen. Man sieht, dass dem Kind viele Streiche einfallen, die ihm aber alle verziehen werden, weil sie aus einer fröhlichen Phantasie kommen.

„Das ist mein Zwillingsbruder, der gestorben ist." - war mein Satz für den Therapeuten zu diesem Foto. Ich habe das so oft und so lange gesagt, dass ich es manchmal selber glaubte. Und irgendwie stimmt es ja auch. Wir sind nicht nur die eine Person, die jeweils gesehen wird. Wir verbergen so vieles, Dunkles zumeist; Assoziationen zum Beispiel, die aus der Tiefe des vergessenen Erlebten auftauchen. Das Wort „Freibankfleisch" klingt für mich wie *Frischfleisch, Freiwild* – Begriffe aus der dunklen Welt der Kinderprostitution.
Grenzüberschreitungen, die wir erleben, hinterlassen Spuren. Wir können sie verbergen, wenn wir Glück haben, überwinden. Die Trauer über das, was mir angetan wurde, hilft mir dabei.
Heute kann ich das Foto von dem kleinen Jungen ganz anders ansehen, mit großer Liebe für dieses Kind. Ich habe dieses Kind, das ich war und das immer bei mir geblieben ist, sehr lieb. Es hat mich durchs Leben gebracht mit seiner Stärke und seiner Fröhlichkeit. Ich hätte ohne dieses Kind die schweren Erlebnisse, die noch kamen, nicht überstanden.
Die Resilienzforschung kann nicht sagen, woher die seelische Widerstandskraft kommt, doch dass ich sie habe, dafür bin ich sehr dankbar.

Amerika und Marmeladeschnitten

Ich muss schon als sehr kleines Kind ein geografisches
Bewusstsein davon gehabt haben, wo Amerika liegt.
Vielleicht von dem Kindervers, den wir mit überkreuzt
miteinander verschränkten Armen vorwärts marschierend
sangen: Ri – ra- rutsch, wir fahren mit der Kutsch,
                       wir fahren nach Amerika,
                       und wenn das große Wasser kommt,
                       dann kehr´n wir wieder um.
Umgekehrt und wieder losmarschiert!
Jedenfalls baute ich mir eines Tages ein Boot und fuhr allein
nach Amerika.
In dem weitläufigen Garten der alten Post-Relais-Station gab
es einen eingefallenen Holzschuppen, der auf sandigem
Boden gestanden hatte. In den Sand ließ sich ein Boot gut
ausbuddeln, ein altes Brett als Rudersitz fand sich in den
Schuppenresten und los ging´s nach Amerika. Als
Reiseproviant hatte ich (wie realitätsnah!) Zwieback und in
einer braunen Emailleflasche Wasser im Boot.
Wie lange ich unterwegs war, weiß ich nicht mehr, aber dass
ich oft allein gespielt habe, ist mir in lebhafter und
keineswegs trauriger Erinnerung. Wer hätte auch mit mir
„Künstler" spielen können, wo doch Künstler in meiner
Vorstellung sonderliche Einzelgänger waren (woher hatte
ich diese Vorstellung, gab es Spitzweg-Bilder oder von
Ludwig Richter illustrierte Kinderbücher bei uns zu Hause?).
Ich nagelte irgendwie ein Sitzbrett in den Holunderbaum,
der im Wäschegarten stand und befestigte einen Bindfaden
daran. Der sollte dazu dienen, Skizzenblock und Stift, sowie
Verpflegung in den Baum zu befördern (ein am Hungertuch
nagender Künstler wollte ich also nicht sein). Unsere Mutter
hatte so viel Witz, mitzuspielen, indem sie mir fest verpackte

Schnitten aus dem ersten Stock in den Garten warf, wenn ich sie darum bat.
Diese Schnitten haben so gut geschmeckt!

Viel besser, als die trockenen Marmeladenschnitten im Schloss Hayda. Dort war ein Kinderheim untergebracht, in das wir einmal kamen, als unsere Mutter im Krankenhaus lag. Wir hatten ja als Flüchtlinge keine Verwandten, zu denen wir hätten gebracht werden können. Für uns war das Kinderheim eine große Umstellung. So viele Kinder, und wie die sich benahmen! Wir waren auch keine Engel, aber wir hatten ein Zuhause, in dem es Regeln gab, „wie man sich benimmt" ,darauf achtete unsere Mutter sehr. Hier im Kinderheim wurden hauptsächlich das Essen und das pünktliche Schlafengehen organisiert. Daran erinnere ich mich jedenfalls und an die Läuse-Aktion, bei der ich glücklicherweise nicht betroffen war. Meinen Schwestern wurden mehrmals die Haare mit Terpentin gewaschen und dann mussten sie stundenlang, das Handtuch um den Kopf gewickelt, das Jucken aushalten.

Mit Rührung denke ich an den Besuch von Opa Trosiener. Er fuhr mit dem Fahrrad in großer Hitze den langen Weg von Wurzen nach Hayda hin und zurück und brachte uns Kindern einen Rührkuchen mit. Er muss uns sehr gern gehabt haben.
Zu Ehrenrettung seiner von uns ungeliebten Frau sei noch gesagt, dass sie den Kuchen gebacken hatte.

Meta und die Maus

Nach dem Tod unserer Mutter, ich war noch unmündig und erhielt einen Vormund, hatte ich bei meiner Schwester Mechthild und ihrem Mann in Dresden ein Zimmer. Die Wohnung in der Friedrich-Wieck-Straße lag der Elbe zu. Von meinem Balkon aus konnte ich die Elbe, das Blaue Wunder und die Elbwiesen entlang bis zur Altstadt hin sehen. Küche und Toilette lagen zum Innenhof, hatten Schrägen und Mansardenfenster. Wenn man sich hinauslehnte, konnte man die Dachziegel berühren.

Mein Schwager war ein witziger Mann und ließ bei Regen Papierschiffchen in der Dachrinne schwimmen. Sonntag vormittags gehörte die Küche allein meiner Schwester, denn dann kochte sie, meistens einen Braten. Dabei wollte sie nicht gestört werden und so wurden mein Schwager und mein Neffe „spazieren gehen" geschickt. Wenn ich aus dem Internat am Wochenende kam, musste ich auch mit. Mein Schwager war ein liebevoller Vater und sehr einfallsreich. So fuhren wir einmal mit der Straßenbahn, ein Faltboot im Gepäck, bis nach Pillnitz, bauten dort das Boot zusammen und paddelten dann gemütlich die Elbe abwärts zurück bis zum Körnergarten. Ein anderes Mal fuhren wir mit Kapitän Müller auf der *Stadt Wehlen* nach Pillnitz und mit der Straßenbahn zurück zum Körnerplatz. Mein kleiner Neffe durfte dann sogar im Führerhaus des Dampfers das Steuerrad halten, weil sein Papa den Kapitän Müller, der in unserer Nähe im alten Fährhaus wohnte, kannte.

Mein Neffe rief in seinem breitesten Dresdner Sächsisch immer schon vom Korridor aus: „Da dommt der Dabidän Müller mider *Stadt Wähln*.!" , wenn der Dampfer vor der Brücke sein Horn ertönen ließ.

39

An einem Sonntag nun kamen wir, mein Schwager, mein Neffe und ich, hungrig nach einer Wanderung durch den Wachwitzgrund nach Hause. Im Korridor empfing uns meine Schwester ausgehfertig mit dem Satz: „Ich lade Euch heute zum, Essen ein." Wir waren überrascht, denn trotz des guten Gehaltes meiner Schwester war Essen gehen immer noch besonderen Anlässen vorbehalten. Wir hatten Hunger und waren sofort bereit. Zum Glück ist der Körnergarten nur ein paar Schritte entfernt und so saßen wir bald zufrieden und glücklich am Mittagstisch. Das Essen war so gut, dass wir vergaßen, nach dem Anlass zu fragen.

Der wurde uns am Abend verständlich. Der Fernseher lief, ich war schon am Sachen packen für die Kirchenmusikschule, da ertönte ein spitzer Schrei aus der Küche und meine Schwester stürmte ins Wohnzimmer.

„Günther, du musst sofort was unternehmen, sonst übernachte ich heute woanders!"

Wie sich herausstellte, war eine kleine Maus, die sich in der Küche eingemietet hatte, die Ursache für die Panik meiner Schwester und, wie mir und meinem Schwager nun klar wurde, der Anlass für die Einladung am Mittag gewesen.

Ich weiß nicht, was oder ob mein Schwager überhaupt etwas in Sachen Maus unternahm.

Ich erinnere mich aber gern daran, dass er von da an ab und zu vor meiner Schwester erschien, die Hände mausohrartig auf dem Kopf, und ihr zurief:

„Meta, deine Freundin ist wieder da!"

Sabine

Hin – her, hin – her - weich gleiten die Scheibenwischer
über die Frontscheibe.
Ich gehe – ich gehe nicht, ich gehe – ich gehe nicht.
Warm und sicher sitze ich in meinem Auto und fahre durch
den heftigen Sturmregen. In blaugrauer Regenferne,
dunkeltintenblau, taucht die Creuzburg auf.
„Warum ist ihre Welt so anders, als die meine?" , denke ich.
Wir hatten doch einen wundervollen Sommer in Rom, im
anno santo 2000. Zwei Schwestern, die diese verzaubernde
Stadt erkunden.
Denkt sie noch an die vielen Male, die wir Atemnot hatten
von der Hitze, den unglaublich wohlschmeckenden,
tausenden Arten von Pizza, der feuchten Katakombenluft?
Oder wie wir das Mittelmeer „entdeckten", als wir uns in
Ostia vor der Tafel der Metrostationen fanden und nach
ostia antica, ostia centro, ostia lido (!) lasen? Und natürlich
warfen wir eine Münze in das Becken der Fontana di Trevi.
Das war die Schwester, wie man sie sich wünscht.
Wo ist sie jetzt?

Ich fahre auf die mittelalterliche Steinbogenbrücke
unterhalb der Creuzburg, die Liborius-Kapelle zu, halte an
und steige aus. Im Regen auf der Brücke über dem
strömenden Fluss, das ist meine Welt. In der Kapelle singe
ich, die ich nie viel von meiner Stimme gehalten habe:

> Ave maris stella/
> Dei mater alma/
> Atque semper virgo/
> Felix coeli porta.

Schöner habe ich mich nie gehört.

Doch ihr kann ich all das nicht mitteilen, wenn ich in regennassen Schuhen ihr geputztes Haus betrete. Ich kann mich darin täuschen und meine Schwester hat nur eine andere Sprache für dieselben Dinge, andere Möglichkeiten der Nähe, einen anderen Ausdruck für ihr warmes Herz, das sie ganz sicher hat.

Der Fluss, der Regen bringen mich zurück auf die Brücke, in die Kapelle.
Und weil ich traurig bin, singe ich noch einmal. Es ist nicht nur die Akustik, dass es jetzt noch schöner klingt.

> Ave maris stella/
> Dei mater alma/
> Atque semper virgo/
> Felix coeli porta.

Weißt Du, wo Sabine ist? - die Mutter sah ihre Älteste
fragend an.
„Keine Ahnung" - kam schnell und desinteressiert zurück.
Mechthild war mit ihren Gedanken schon wieder im Internat
des Lehrerbildungsinstitutes Leipzig. Raus aus der Provinz,
darauf hatte sie sehnlich gewartet. Nach Hause kam sie nur
noch am Wochenende und das auch nicht regelmäßig. Wie
sollte sie also wissen, was ihre jüngeren Geschwister so
machten. Das Tuttchen nervte sie allenfalls mit Klavier
üben, aber da konnte man ja in den Garten gehen und
lesen, jedenfalls im Sommer.

Jetzt also war Sabine weg.
Es war Sonntagvormittag, Tutti hatte Kurrendedienst, die
Mutter kochte das Mittagessen und Sabine war bestimmt
nicht in der Kirche, wenn sie nicht musste.
Also, wo ist Sabine?

Hätte die Mutter in den Kinderkleiderschrank gesehen und
nach Sabines guten Sachen gesucht, wäre ihr aufgefallen,
dass das Konfirmationskleid fehlte. Dieses Kleid war
entgegen der Tradition nicht schwarz sondern blau und
somit zu vielerlei festlichen Anlässen zu tragen. Noch dazu
war es aus dem Westen und allein schon deswegen totchic.

Sabine machte damit auch eine gute Figur in der Reihe der
Jugendweihlinge, wie sie mir später erzählte. Denn genau
dort war sie an diesem Sonntagmorgen, zur Jugendweihe.
Heimlich. Die Mutter hätte es nicht erlaubt, noch dazu 14
Tage nach der Konfirmation!
Aber Mütter wissen nie alles. Schon gar nicht, was Töchter

um die vierzehn herum so treiben. So fiel auch der Besuch der Jugendstunden unter „Ich gehe zu Karin Kleeberg, Hausaufgaben machen." oder „Die Schule hat heute Nachmittag Sammelaktion." und dergleichen mehr.

Dass Sabine ohne Familie zur Jugendweihe kam, fiel schon auf, ging aber im Trubel der Veranstaltung wieder unter. Sie stand jedenfalls stolz mit ihren Klassenkameradinnen auf der Bühne. Davon sind später Fotos aufgetaucht. Alle im großen Kulturhaussaal sahen ihr tolles Kleid. Sabine nahm die Blumen, Urkunde und das Buch „Weltall. Erde. M*ensch*" mit einem Knicks entgegen (ein Knicks war noch ganz selbstverständlich).

Dann ging es von der Bühne und die Nächsten wurden aufgerufen.

Als die Feier samt kultureller Umrahmung vorbei war, ging Sabine mit der Familie ihrer Freundin in deren Wohnung und tauschte ihre Kleidung wieder.

Wie es ihr gelang, unserer Mutter ihre Abwesenheit zu erklären, weiß ich nicht mehr. Ich weiß aber noch, dass meine Schwester einige Zeit später ihr Konfirmationskleid und das Jugendweihebuch nach Hause schmuggelte. Das Buch wurde versteckt und durfte nur angesehen werden, wenn unsere Mutter nicht im Haus war. Ich durfte natürlich auch nichts sagen. Ich habe das Buch gern angesehen, es war spannend. *Weltall. Erde. Mensch* hatte viele Bilder und alles wurde so gut erklärt: wie die Frösche entstanden und der Kommunismus, die Sterne und die Kinder (das war besonders aufregend).

Ich las oft in dem Buch. Einmal muss ich es wohl nicht wieder gründlich genug versteckt haben – die Mutter fand es. Mit Widmung.

Was da in unserer Mutter vorging, kann man nur ahnen. Besonders, wenn man weiß, mit wieviel Durchsetzungskraft sie unseren p r o t e s t antischen Standpunkt verteidigte; in der Schule, auf ihrer Arbeit und letztlich vor der Öffentlichkeit.

Natürlich wurde Sabine verziehen, sie war ja ein Kind und unsere Mutter eine gute Mutter.

Der Fallschirmsprung

Es muss ein Schulausflug gewesen sein. So genau kann ich mich nicht erinnern.
Meine Mutter hätte mir diesen Sprung nicht erlaubt. Aber darin bin ich mir nicht sicher. Es war in Leipzig, im Clara-Zetkin-Park. Nach etwa 10 Minuten Fußweg standen wir vor einem hohen Turm, den man erklettern konnte. Oben gab es eine Plattform mit einer Art Kran, an dem ein schlaffer Fallschirm hing. Ich musste in einen Tragegurt steigen und dann springen.
Ich sprang in die Tiefe ohne Zögern.
Der Fallschirm löste sich vom Kran, entfaltete sich und blieb an seinem Halteseil knapp über dem Boden schwebend hängen.
Das Seil wurde nachgelassen und ich stand wieder auf der Erde.

An diesen Schirm musste ich einige Jahre später denken. Wieder in Leipzig. Diesmal zum Bezirksausscheid der Volksmusikschulen im Fach Klavier. Hinter der Musikhochschule gab es einen kleinen Park. Dort wartete ich auf die Siegerehrung nach dem Vorspielen. Ein freundlicher Mann lud mich zu einer Spazierfahrt mit seinem Auto ein. Ich denke nicht mehr darüber nach, warum ich einstieg.
Wir fuhren in ein Ausflugslokal am Rande der Stadt. Der Mann bestellte Kaffee und Kuchen wie für zwei Erwachsene. Dann gingen wir spazieren. Worüber unterhält sich ein erwachsener Mann mit einem Kind? Als wir an den Wiesen des Elsterkanals ankamen, begriff ich die Gefahr. Wir waren allein. Er mit mir.
Die Todesangst, die ich jetzt fühlte, ließ mich alles Weitere

als unwirklich verfolgen.
Wie er meine Hand in seine Hose zwang, sie festhielt, bis
Flecken auf meinen Mantel fielen.
Die Angst und der Ekel haben mich nie mehr verlassen.

Wenn ich an Schutzengel glauben könnte, müssten es
sieben mal siebzig Engel gewesen sein, die den Mann mit
mir wieder in das Auto und in die Stadt zurück brachten.
Ich landete nicht sanft wie mit einem Fallschirm.
Das Seil zerriss.

„Friedel darf alles"

Ich kann nicht nachprüfen, ob das so stimmt. Friedel war die Tante eines Freundes von mir und Friedel durfte alles, im Gegensatz zu seiner Mutter, sagt er. Das wäre ihm lange nachgegangen.
Meine Tante Traudel war die ältere Schwester meiner Mutter, war unsere Mutter „Friedel, die alles durfte" ?
Über meine Tante weiß ich so gut wie nichts. Ich habe sie, als ich klein war, nur einmal im Krankenbett gesehen und dann ist sie gestorben.

Ich hätte so gern Verwandte gehabt. Eine Tante, zu der ich hätte in den Ferien fahren können, Cousins und Cousinen, mit denen ich etwas unternehmen und mich über meine Geschwister hätte beschweren können.
Bis die Mauer gebaut wurde, waren sie ja da, die Verwandten.
Aber der Eiserne Vorhang fiel und wir waren mit unserer Mutter allein.
Der Briefkontakt in den Westen wurde wie im Gefängnis kontrolliert, da zerbrach die Verbindung.

Es gibt zwei Fotografien von meiner Tante. Eine zeigt sie sehr abgehärmt, in einem dänischen (?) Gefangenen- oder Flüchtlingslager. Wie sie dahin kam und warum meine Mutter nicht bei ihr war - ich kann niemanden mehr fragen. Wenn die Mutter zu früh stirbt und die Verwandten hinter dem Eisernen Vorhang verschwanden, dann bleibt vieles für immer verloren. Ich kann nur Vermutungen anstellen.
So auch über ein Foto, das meine Mutter als 12- oder 13-jähriges Mädchen mit ihrer Schwester und anderen der Familie auf einem Ausflug in Danzig zeigt. Das muss um

48

1931/32 gewesen sein.

Unsere Mutter hat ein Organdykleid an und trägt einen Strohhut, Handtasche und Handschuhe elegant in der linken Hand.

Man war wer. Das konnte man schon mal zeigen. Das Töchterchen erhielt schließlich Klavierstunden, lernte Polnisch und Französisch und die Stiefmutter war einmal das englische Kindermädchen gewesen.

Meine Tante Edeltraut, steht im Hintergrund auf dem Foto. Ob sie auch im Familienleben hintenanstand? Vielleicht war das Nesthäkchen dem Fleischermeister Gustav Ferdinand Lagodni näher. Unsere Mutter wurde jedenfalls eine starke Frau. So will ich annehmen, dass sie in ihrer Kindheit behütet und gefördert wurde.

Wie hätte sie uns sonst eine so gute Mutter sein können.

Die Villa Greifenstein

Er kam mit seiner Familie aus Siebenbürgen. Herr Greifenstein war der Hausmeister der Kirchenmusikschule Dresden und ein mächtiger Mann. Ob das an seiner Größe oder seiner respekteinflößenden Art lag – er war jedenfalls eine beeindruckende Persönlichkeit. Um sein Haus herum hatten er und seine Frau einen großen Obst- und Gemüsegarten angelegt, aus dem manches Mal die Internatsküche bereichert wurde. Das wussten wir und nahmen gerne mit einem kleinen Auftrag den Weg vom Käthe-Kollwitz-Ufer zur Goetheallee, denn immer gab es etwas. Mal einen Pfirsich oder zwei Tomaten, drei, vier Kornäpfel oder Pflaumen. Das Taschengeld war knapp und so waren die Gaben aus der „Villa Greifenstein" willkommen.
Ich war von Wurzen aus Internatsschülerin geworden und blieb es auch nach dem Umzug meiner Schwester nach Dresden.
Meine Freundin Hildegard und ich hatten es besonders gut. Wir wohnten im Souterrain der Villa von Professor Flämig, der zu dieser Zeit noch einen Knabenchor in der Schweiz leitete, erst später den Kreuzchor übernahm. Seine Frau Gabriele und die Kinder waren in Dresden geblieben und bewohnten die erste Etage. Im Erdgeschoss gab es noch weitere Internatszimmer. Aber nur wir zwei hatten einen separaten Eingang vom Garten aus. Es gab im Garten Kirschbäume und Erdbeeren, von denen oft ein Schälchen voll vor unserer Tür stand.
Wenn ER da war, huschten wir nur schnell durch die Zaunlücke auf das Gelände der Kimu, wie wir die Kirchenmusikschule nannten. Er, das war der zu Besuch weilende Professor. Bimbo nannten wir einen seiner Söhne,

warum auch immer. Kontakt hatten wir nicht zu den Söhnen, sie lagen nur manchmal im Liegestuhl im Garten.

Die Internate waren überhaupt luxuriös, was ihre Lage und Architektur betraf, alles Villen am Käthe-Kollwitz-Ufer und in der Goetheallee. Die Nähe zur Elbe und der Blick auf die gegenüberliegenden drei Schlösser waren sehr romantisch. Ein Spaziergang bei Mondenschein an der Elbe – ein Muss für Verliebte.
Natürlich habe ich mich auch verliebt. Umgeben von musisch begabten Menschen, in dieser Stadt, es konnte nicht anders sein.
Wir wurden getrennt, er ging nach Görlitz, ich nach Leipzig. Zehn Jahre habe ich auf ihn gewartet. In dieser Zeit schrieb ich so schwärmerische Gedichte wie

> Wilde Brombeerranken haben mich an dich erinnert,
> Sie ritzten mir die Haut, bis Blut kam.
> Du hast mir das Herz zerrissen,
> Kein Blut,
> Tränen und Schweigen sind gekommen.

Er hat mich dann geheiratet. Aber es ist nicht gut gegangen. Noch heute kann ich fühlen, wie viel mir dieser Mann bedeutet hat.

Diese Dresdner Zeit war wie jede Zeit.
Von allem ist immer alles da.

Mir schien, als wären mit dem Tod meiner Mutter alle Täubchen davongeflogen.

Aber so ist es nicht.

Sie waren gefangen, bis ich sie losließ.

Jetzt erst können sie fliegen, schneeweiß,

zu anderen Menschen oder

in die Freiheit.

Flug der Tauben

Mir schien, als seien mit dem Tod meiner Mutter alle
Täubchen davongeflogen.

Aber so ist es nicht.

Sie waren gefangen, bis ich sie losließ.

Jetzt erst können sie fliegen, schneeweiß,

zu anderen Menschen oder

in die Freiheit.

Wenn die Förster schwarz wären

Ich fuhr am Hause des Försters vorbei. Die Fensterläden grün, der Zaun grün und er, der Förster selber in seinem grünen Rock. Die Welt stimmte, sie war heil.
Und da hatte ich Angst, plötzlich furchtbare Angst. Was wäre, wenn die Förster schwarz wären.
Und die Bäcker rot.
Denn schwarz ist doch der Tod. Und der Förster hütet doch das Leben, und das Leben ist doch grün.
Furchtbar wäre das.
Dann würde das letzte Reh in dem toten Wald umherirren und vor dem Förster stehen und es doch nicht wissen, denn die Förster sind doch grün und nicht schwarz.
Dann schießt der Schwarze das Reh tot, weil es doch nicht weggelaufen ist. Vor dem Schwarzen, denn der Förster ist doch grün.
Und wir, wir stünden ratlos. Wir wollen Brot. Er aber, der Rote, gibt uns Blut. Wir wollen aber doch kein Blut, wir wollen Brot. Wir haben uns geirrt. Wir wollten zum weißen Bäcker um Brot, er aber,
der Rote, gab uns Blut. Wir aber wollen doch kein Blut.

Darum müssen wir aufpassen. Dass die Förster nicht schwarz sind und die Bäcker nicht rot.
Denn wenn die Förster schwarz sind und die Bäcker rot, wie sieht Gott dann aus ……….

1967

55

Oh,diese grausamen und doch so barmherzigen Cafés , Bars
und Stehbierhallen.
Grausam, weil sie uns bewusst machen, dass wir in ihnen
leben müssen.
Barmherzig, weil sie uns aufnehmen.
Uns, die Alleinstehenden, Verstoßenen, die befremdet
Betrachteten.
Wir setzten uns in ein Café und vergessen.
Vergessen das gemietete Zimmer, das kaltblütig darauf
wartet,
dass wir wieder hinausgehen aus ihm.
Vergessen die überwachen Sinne, mit denen wir am Morgen
im Bett lagen
und glaubten, die Postfrau werfe einen Brief ein;
Immer wieder: Jetzt, nein, jetzt, oh, jetzt wirklich.
Bis wir nachsehen.
Aber wir wissen, wussten, dass nie ein Brief kommen wird.

Oder wir fahren an den Ort, an dem wir noch in einem
Zuhause lebten.
Doch dann sehen wir Gesichter, die alle sagen:
....vorbei.... eigene Schuld......unter Hausfriedensbruch....
Gesichter, mitleidig lächelnd, bedauernd.
Aber sie sagen es.
Und so fahren wir nicht mehr hin, bleiben in einer Stadt, die
wir hassen..

Ach, baut uns doch keine Treffs für Alleinstehende, sondern
tut wenigstens dies:
Gebt uns unter der Erde zwei Kammern, mit einem Gang
verbunden.
Eine kleine, vieleckige, in der wir uns verkriechen, in uns
selbst verkriechen können.

56

Und eine große, vieleckige, größer als wir selbst, in der wir
heulen und schreien können.
Denn Euer Herz gebt Ihr uns nicht.

Aber wir, wir haben eines, ein Liebe-volles Herz.
Doch keiner will es haben, es will ja niemand haben

1970

Wilde Brombeerranken haben mich an Dich erinnert
Sie ritzten mit die Haut bis Blut kam
Du hast mir das Herz zerrissen
Kein Blut
Tränen und Schweigen sind gekommen

1973

58

TORE werde ich rufen
Wie Tovelille Vollmer rief
Und stolz werde ich sein, Tore, auf Dich

Wie Tovelille Vollmer rief
Rufe ich Dich, TORE

1992

59

Still. Still muss es sein
Damit ich hören kann, wofür Dein Herz schlägt
Viele Worte sagen es mir nicht
Nur mein Schweigen ahnt, wer Du bist

*

Weißt Du nicht, dass die Sonne männlich ist
El Sol
Wenn sie geht, wird es dunkel
Mir bleiben die Sterne der Nacht

*

Ich habe den Herbst gerochen
Heut morgen im August
Und habe nicht gewusst
Wer Du bist

*

1994

Wind, Du mein Freund, verlass mich nicht
Wehe, und tröste mein Herz
Ihr Wolken, eilt fort und nehmt meine Tränen mit.
Dann will ich bleiben und
still sein

1997

Mein Abschied hat keine Trauer
Verbirg mich in deinem Vergessen
Es ist gut

So werde ich immer bei dir sein
Eine verloschene Spur in deinem Gedächtnis
Ein Pfad zu deinem Herzen

1998

Ich liebe den Regen, weil er zärtlich ist
Er berührt mein Haar, mein Gesicht,
meine Hände,
die leer sind

1998

Da, wo der Kirschbaum blüht,
bist Du
Wo der Raps gelb leuchtet

In den schattigen Wiesen,
im roten Mohn bist Du da

Und sanft schlägt mein Herz

1998

Weich ist der Schnee und warm
Meinem Herzen nahe
Mütterlich hüllt er mich ein
und hält mich sanft

Wer da friert
hat kein Herz, das ihn wärmt
kein Blut, das ihn verbrennt

*

Ich liebe den Winter, denn er täuscht mich nicht
Es ist kalt und ich muss mich schützen
Manchmal glitzert der Schnee

*

Wenn die Blätter wie Schnee fallen,
fallen sie auf mein Gesicht,
auf meine Augen
Und aus Eis werden Tränen

2002

Manchmal sehe ich dich, Algol
Weit wohnst du im All
Das Sternenzelt ist dein Zuhause
und alle Sterne funkeln, wenn du leuchtest

Sieh mich an, Algol
Sterntaler wartet

*

Jazzsuite No. 2, Waltz 2

Vier Töne
Schostakowitsch
Mehr musst du nicht sagen

2013

66

Für Ernst und Alexander

Ernst Herbeck und Herr Alexander
Mein Zwillingsbruder und ich
Wir erfinden, was wir brauchen
Und das ist gut

Das kennt man
Es ist tröstlich,
das ständig neu Erschaffene.
Es ist egal, was andere dazu sagen

„Eine angenehme Unterhaltung ist im wahrsten Sinne des Wortes eigentlich nur die Radioansagung."

Er hat Recht
Ein Radio oder eine Katze
Oder beides zusammen

In meinem Chor singen richtige Menschen
Dick und dünn, mit einem Gesicht
Ob mich Sänger, Katzen, Vögel umgeben,
ich habe ein glückliches Leben

Ernst Herbeck lebte seit dem 6. September 1960 auf dem Haschhof, einer Dependance der Heil- und Pflegeanstalt Gugging. Er starb 1991. Sein Gesamtwerk befindet sich in der Österreichischen Nationalbibliothek.

2013

Die Schlehen- und Weißdornblüte,
was macht sie so zauberhaft -
sie kommt über Nacht.
Schneeweiß und apfelgrün,
überrascht sie uns mit ihrer Reinheit,
die wir den Winterruß noch spüren.

8. April 2014

Vogelflug

Gibt es Worte, die nicht gesagt sind?
Ein Gedicht kann sagen, was ist
und keiner je gehört hat.

Gedanken hat keiner je gehört
und Bilder in meinem Kopf keiner je gesehen.
Ein Dichter und Maler möchte ich sein.

Ich aber fahre und lebe gefährlich.
Ich folge dem Flug des Vogels und nicht der Straße.
Und nur Instinkt lässt mich leben.

27. April 2014

70

Halte dein Gesicht in den ersten frischen Frost am Morgen

Schließ die Augen und spüre die Berührung

Die Luft – aus diamantenem Flacon

Und niemals mehr wirst du dich nach Wärme sehnen

15./16. Mai 2015

71

Schriebe ich heute über

„....diese grausamen und doch so barmherzigen Cafés, Bars
und Stehbierhallen..."

- es wäre kein Schmerz mehr darin. Ich bin alt geworden.
Ich würde von den kleinen Cafés schreiben, die Bäckereien
in Kaufhallen betreiben.
Wie warm es dort ist und gemütlich,
wie in einem Nest, in dem ich mich geborgen fühle.
Ich kann rasten und vieles überblicken

Und dann weiterfliegen, wie ein Adler, der seine Kreise zieht.
Weit und ruhig.
Auch stolz auf dieses einsame Leben.

„....Aber wir, wir haben eines, ein liebevolles Herz.
Doch keiner will es haben, es will ja niemand haben......."

Ich will es haben.
Bis ich ein letztes Mal meine Flügel ausbreite.

2015

Glassplitterregen
Du kannst mir nichts tun
Du glitzerst und machst mich
fröhlich

Im silbernen Klirren Deiner Tropfen
singe ich
meergrüne und blaue Töne
Blutrot leuchtet die Sonne in Deinen Scherben

Und sanft wie ein Schleier
hüllst Du mich ein

2016

73

Wie die Blätter vom Baum fallen
so werde ich sterben
mühelos
Vergrabt meine Asche im Wald
Dort, wo ich sein möchte
Jetzt

2017

ORION

Wach liegend in der Nacht,
kann ich dich sehen,
Orion....

du bringst mir den Winter,
die schneeweißen Nächte,
das Glitzern im Mondlicht...

Ich kann den Frost riechen, vor ihm
Wenn er da ist,
wird mein Atem ein weicher Nebel...

Die Pferde dampfen bei der Arbeit im Wald
und meine Hände sind warm vom Halten der Zügel...

4:15 Uhr, 17. Sept. 2018

75

Über dem Fluss

Über dem Fluss tragen die Bäume
ein Kleid aus Licht

Die Sonne glitzert im Wasser

Und obwohl es fließt, perlt, über
Steine springt,

ist eine große Ruhe

Grün und Braun und Steinfarben
sind eine Decke,

auf die du dich legen kannst

Schließ die Augen und
höre der Stille zu

7. Juli 2018

76

Versäumt nicht

Versäumt nicht, wie das Blesshuhn taucht,
die Schwalben im Fliegen trinken

Wie der Wind Wasser und Schilf bewegt,
junge Schwäne dem Elternpaar folgen

Und wie es still ist
ganz still

September 2018

77

Wegwarte

Wegwarte wartet,
dass du sie ansiehst,

ihr Blau dich tröstet

Bleib stehen,
ganz still

So ist es gut

7. Juli 2018

78

Ächze, Körperchen,
Ächze
Viel musst Du tragen

Geh, Körperchen,
Geh
Viel kannst Du tragen

Auf den Schultern
ein Vögelchen

2017

79

Nachwort

Nicht reden, Tango tanzen

Damit dieses Buch gedruckt werden konnte, musste mir in technischen Fragen sehr geholfen werden. Das hat Peter getan, der Mann von Lore. Mit ihr war ich zusammen in der Schreibwerkstatt der UdL Göttingen. Viele e-mails und auch einige, mir sehr wertvolle Gespräche fanden statt.
Ich danke auch Ruth Finckh und ihrem Mann G.Diehl, die entscheidende Hinweise gaben.
Das Leben ist lang und viel gab und gäbe es noch zu erzählen. Einschneidende Erlebnisse wie den Tod geliebter Menschen, Ehen, Trennungen, Studien-und Berufsabschlüsse, Arbeiten, verlorene und gewonnene Kämpfe, Verlust und Gewinn. Und übrig gebliebene Wünsche.
Ich möchte noch das Polarlicht sehen. Lange, wochenlang vielleicht. In Karelien.
Peter riet mir dazu, in den Norden Finnlands zu reisen. „Die Finnen reden auch wenig, meistens gar nicht." Sofort erinnerte ich mich an eine andere, wenig bekannte Besonderheit der Finnen: sie tanzen Tango, immer und zu jeder Gelegenheit.
Das wird wunderbar: Das Polarlicht sehen, nicht reden, Tango tanzen.

Biographie

Im Gründungsjahr der DDR bei Leipzig geboren,
Flüchtlings- und Besatzerkind,
in Dresden Kirchenmusik und Religionspädagogik studiert,
Theater in Leipzig gespielt,
später noch eine Lehre als Facharbeiter für Wiedergabe-
technik gemacht,
in der Kirche und der Motorradszene engagiert, bin ich ein
Kind des Ostens im weitesten Sinne.

40 Jahre war die DDR meine Heimat,
der Bundesrepublik fehlen dazu noch zehn Jahre.
Studiert habe ich auch „im Westen" noch einmal,
Sozialpädagogik an der TU Dresden.
An der Universität Göttingen war ich viele Jahre in der
Schreibwerkstatt der UdL (Universität drittes Lebensalter).

Mal sehen, was ich in zehn Jahren bin – eine halbrussische
Gesamtdeutsche?

Ich bin neugierig.